Zu diesem Heft wird das **miniLÜK**® **Kontrollge**[…]

So wird es gemacht:

Öffne das miniLÜK®-Kontrollgerät und lege die Plättchen in den unbedruckten Deckel.
Jetzt kannst du auf den Plättchen und im Geräteboden die Zahlen 1. bis 12. sehen.

Beispiel: Seite 2
Welche Zahl ist dargestellt?
Nimm z. B. Plättchen 5. und sieh dir Aufgabe 5 an:
Hier sind 4 Hunderter, 2 Zehner und 7 Einer dargestellt.
Die Lösung heißt also 427.
Suche nun in der Lösungsspalte die 427. Darunter steht die 8.
Das ist auch die Feldzahl im Kontrollgerät, auf die du das Plättchen legen musst. Lege also das Plättchen auf das Feld 8 im Geräteboden.
Die Zahl 5 soll nach oben zeigen.

So arbeitest du weiter, bis alle Plättchen im Geräteboden liegen. Schließe dann das Gerät und drehe es um.
Öffne es von der Rückseite.

Wenn du das bei der Übungsreihe abgebildete Lösungsmuster siehst, hast du alle Aufgaben richtig gelöst.

Passen einige Plättchen nicht in das Muster, dann hast du dort Fehler gemacht. Drehe diese Plättchen da, wo sie liegen, um, schließe das Gerät, drehe es um und öffne es wieder.
Jetzt kannst du sehen, welche Aufgaben du falsch gelöst hast.
Nimm diese Plättchen heraus und suche die richtigen Ergebnisse.
Kontrolliere dann noch einmal.
Stimmt jetzt das Muster?

Das System ist für alle Übungen gleich:
Die roten Aufgabennummern im Heft entsprechen immer den miniLÜK-Plättchen aus dem Kontrollgerät.
Die Feldzahlen bei den Lösungen sagen dir, auf welche Felder im Kontrollgerät du die Plättchen legen sollst.

Und nun viel Spaß!

Hunderter kommen hinzu

10 Zehner = 1 Hunderter

Welche Zahl ist dargestellt?

1. 

2. 

3. 

4. 

5. 

6. 

Wie heißt die Zahl?

700 + 40 + 8 = 748

7. 400 + 30 + 2
8. 600 + 80 + 4
9. 100 + 50
10. 500 + 2 =
11. 200 + 90 + 9
12. 300 + 5

Lösung	140	150	200	299	305	320	427	432	500	502	653	684
Feld	6	1	5	7	10	2	8	12	3	11	4	9

Welche Darstellung gehört zur Zahl?

1. 561 2. 356 3. 430 4. 879

8

9

11

10

5. 5H 3Z 9E
6. 8H 7E
7. 2Z 5E
8. 3H
9. 6H 9Z
10. 4H 2Z 9E
11. 9H 9Z 9E
12. 7H 8E

Lösung	25	300	429	539	690	708	807	999
Feld	3	2	4	5	12	1	7	6

Welche Zahl ist es?

1. zweihundertfünfundsechzig
2. sechshundertdreißig
3. achthundertsiebzig
4. dreihundertneunundvierzig
5. einhundertachtundzwanzig
6. tausend

Welche Zahl passt?

7. ☐ < 531 (530, 600)
8. ☐ < 810 (820, 809)
9. ☐ < 198 (200, 150)
10. ☐ > 375 (376, 357)
11. ☐ > 634 (700, 600)
12. ☐ > 400 (401, 399)

Lösung	128	150	265	349	376	401	530	630	700	809	870	1000
Feld	2	1	11	6	5	3	12	10	7	4	8	9

Vorgänger und Nachfolger

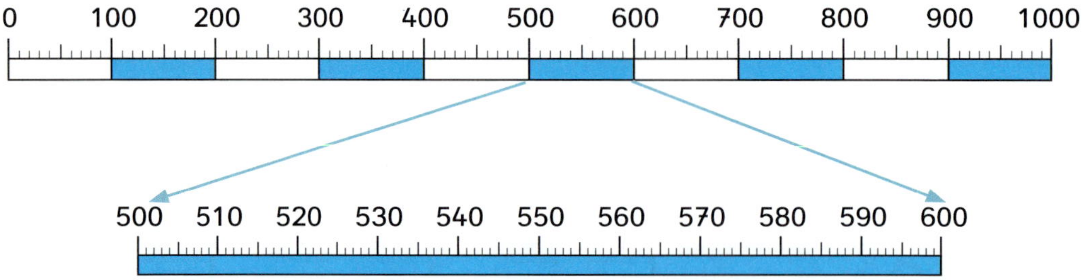

Welche Hunderterzahl steht

1. vor 200?
2. vor 900?
3. vor 1000?
4. hinter 400?
5. hinter 200?
6. hinter 500?

Welche Zehnerzahl steht

7. vor 580?
8. vor 600?
9. vor 820?
10. hinter 530?
11. hinter 570?
12. hinter 250?

Lösung	100	260	300	500	540	570	580	590	600	800	810	900
Feld	9	12	8	10	3	4	7	11	6	5	1	2

Vorgänger → 739 740 741 ← Nachfolger

1.		2.	3.		4.	5.		6.
	599			445			210	
7.		8.	9.		10.	11.		12.
	721			915			300	

Lösung	209	211	299	301	444	446	598	600	720	722	914	916
Feld	6	3	5	9	12	8	7	4	2	10	11	1

Wie heißen die Nachbarzehner?

300 309 310

1. [ ] 447 [ ] 2.

3. [ ] 567 [ ] 4.

5. [ ] 722 [ ] 6.

Ordne die Zahlen der Größe nach!
288, 530, 247, 612, 519, 407

7. ○ – 8. ○ – 9. ○ – 10. ○ – 11. ○ – 12. ○

Lösung	247	288	407	440	450	519	530	560	570	612	720	730
Feld	9	7	5	4	1	10	11	6	3	8	12	2

Auf welche Zahl zeigt der Pfeil? Lies ab.

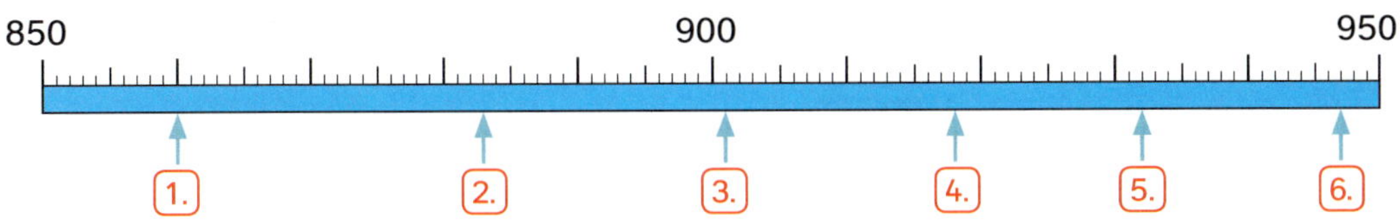

Wie geht es weiter?

300 → 400 → 500 → 7. ○ → 8. ○

270 → 280 → 290 → 9. ○ → 10. ○

837 → 838 → 839 → 11. ○ → 12. ○

Lösung	300	310	600	700	840	841	860	883	901	918	932	947
Feld	8	6	5	9	2	10	12	3	7	11	1	4

Rechnen mit Hunderter- und Zehnerzahlen

200 + 600 = 800

2	+ 6	= 8

← einfache Aufgabe →

500 − 300 = 200

5	− 3	= 2

1. 2 + 4 = ▢
2. 200 + 400 = ▢
3. 500 + 300 = ▢
4. 500 + 500 = ▢
5. ▢ + 200 = 900
6. ▢ + 100 = 1000

7. 7 − 2 = ▢
8. 700 − 200 = ▢
9. 800 − 700 = ▢
10. 800 − 500 = ▢
11. 500 − ▢ = 300
12. 1000 − ▢ = 600

Lösung	5	6	100	200	300	400	500	600	700	800	900	1000
Feld	10	3	7	1	9	6	5	11	2	8	12	4

230 + 50 = 280

30 + 50 = 80

350 − 20 = 330

50 − 20 = 30

	+ 40	+ 30	+ 60
510	1.	2.	3.
840	4.	5.	6.

	− 70	− 50	− 30
990	7.	8.	9.
170	10.	11.	12.

Lösung	100	120	140	540	550	570	870	880	900	920	940	960
Feld	1	11	3	10	7	12	6	2	9	8	4	5

Hunderter und Zehner addieren

260 + 150 =

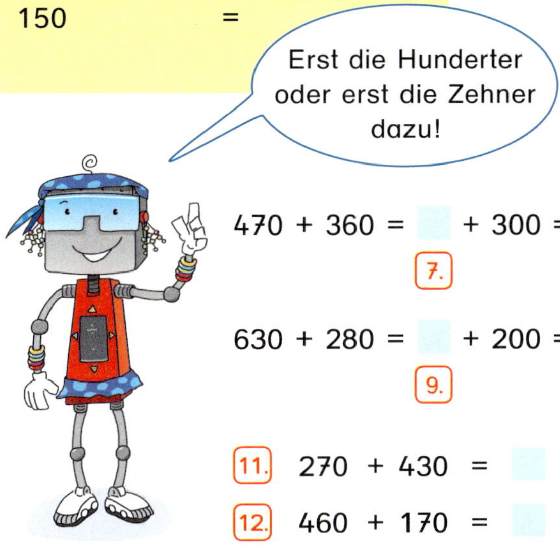

340 + 270 = [1.] + 70 = [2.]

560 + 390 = [3.] + 90 = [4.]

[5.] 760 + 120 =

[6.] 490 + 350 =

470 + 360 = [7.] + 300 = [8.]

630 + 280 = [9.] + 200 = [10.]

[11.] 270 + 430 =

[12.] 460 + 170 =

Lösung	530	540	610	630	700	710	830	840	860	880	910	950
Feld	6	11	7	2	3	9	1	8	10	4	5	12

Erst die Hunderter dazu!

540 —(+ 280)→ 820

540 —(+ 200)→ 740 —(+ 80)→ 820

Erst die Zehner dazu!

390 —(+ 470)→ 860

390 —(+ 70)→ 460 —(+ 400)→ 860

	+ 70	+ 290	+ 330
360	1.	2.	3.
480	4.	5.	6.

	+ 50	+ 490	+ 360
90	7.	8.	9.
420	10.	11.	12.

Lösung	140	430	450	470	550	580	650	690	770	780	810	910
Feld	4	9	1	3	10	11	5	2	8	12	6	7

Hunderter und Zehner subtrahieren

460 − 140 = 320

1. 360 − 40 = ___
2. 360 − 80 = ___
3. 360 − 120 = ___
4. 710 − 20 = ___
5. 710 − 40 = ___
6. 710 − 80 = ___

7. 460 − 40 = ___
8. 210 − 60 = ___
9. 480 − 90 = ___
10. 920 − 220 = ___
11. 890 − 440 = ___
12. 730 − 370 = ___

Lösung	150	240	280	320	360	390	420	450	630	670	690	700
Feld	9	12	3	7	10	5	8	11	4	6	2	1

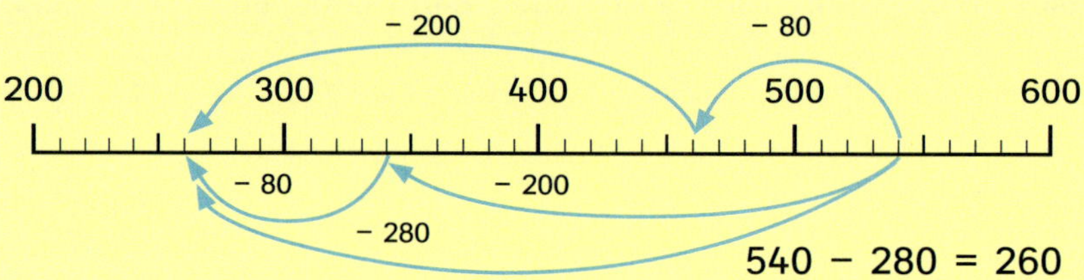

540 − 280 = 260

Zuerst die Hunderter abziehen.

650 − 430 = ___ (1.) − 30 = ___ (2.)

420 − 360 = ___ (3.) − 60 = ___ (4.)

5. 940 − 330 = ___
6. 550 − 460 = ___

Zuerst die Zehner abziehen.

780 − 260 = ___ (7.) − 200 = ___ (8.)

560 − 390 = ___ (9.) − 300 = ___ (10.)

11. 240 − 160 = ___
12. 650 − 380 = ___

Lösung	60	80	90	120	170	220	250	270	470	520	610	720
Feld	8	3	6	10	7	11	1	12	9	5	4	2

470 —(+ 80)→ 550
470 —(+ 100)→ 570 —(− 20)→ 550

730 —(− 60)→ 670
730 —(− 100)→ 630 —(+ 40)→ 670

Rechne ebenso.

750 —(+ 60)→ [2.]
750 —(+ [1.])→ 850 —(− 40)→ [2.]

Rechne ebenso.

410 —(− 80)→ [8.]
410 —(− 100)→ [7.] —(+ 20)→ [8.]

3. 630 + 80 =

4. 470 + 50 =

5. 60 + 290 =

6. 90 + 320 =

9. 880 − 90 =

10. 210 − 70 =

11. 570 − 80 =

12. 140 − 70 =

Lösung	70	100	140	310	330	350	410	490	520	710	790	810
Feld	10	5	11	6	9	8	4	1	12	2	7	3

270 —(+ 190)→ 460
270 —(+ 200)→ 470 —(− 10)→ 460

550 —(− 270)→ 280
550 —(− 300)→ 250 —(+ 30)→ 280

Rechne ebenso.

320 —(+ 180)→ [2.]
320 —(+ [1.])→ 520 —(− 20)→ [2.]

Rechne ebenso.

640 —(− 370)→ [8.]
640 —(− [7.])→ 240 —(+ 30)→ [8.]

3. 240 + 360 =

4. 350 + 270 =

5. 560 + 280 =

6. 470 + 390 =

9. 280 − 190 =

10. 750 − 470 =

11. 920 − 560 =

12. 670 − 480 =

Lösung	90	190	200	270	280	360	400	500	600	620	840	860
Feld	9	2	11	7	5	3	12	1	10	6	4	8

Euro und Cent

Anke hat eingekauft.
Welche Zahlen gehören in die Tabelle?

Ware	Cent	Euro +	Cent
Milch	109	1	9
Käse	1.	2.	3.
Wurst	4.	5.	6.
Margarine	7.	8.	9.
Butter	10.	11.	12.

Lösung	1	2	4	5	7	50	68	99	168	205	450	799
Feld	1	11	7	8	6	12	5	2	10	9	3	4

Einkaufen für die Schule

1. Vasili kauft einen Radiergummi und ein Heft. Er bezahlt ___ Euro.
2. Alisa kauft einen Schreibblock. Sie gibt der Verkäuferin 3 Euro. Sie bekommt ___ Cent zurück.
3. Sven kauft zwei Hefter und einen Anspitzer. Er muss ___ Euro bezahlen.
4. Er gibt 5 Euro und erhält ___ Euro zurück.

Schulartikel

Heft	0,75 €
Hefter	1,05 €
Lineal	1,35 €
Schreibblock	2,05 €
Anspitzer	0,45 €
Radiergummi	40 Cent

380 Cent	576 Cent	7. Cent	9. Cent	436 Cent
3 Euro 80 Cent	5.	8.	1 Euro 12 Cent	11.
3,80 Euro	6. Euro	8,08 Euro	10. Euro	12. Euro

Lösung	95	112	808	1,12	1,15	2,45	2,55	4,36	5,76	4 Euro 36 Cent	5 Euro 76 Cent	8 Euro 8 Cent
Feld	1	5	9	10	4	3	6	8	2	11	12	7

1. 144 + 6 =
2. 612 + 8 =
3. 460 + 5 =
4. 790 + 8 =
5. 573 + 6 =
6. 954 + 2 =
7. 109 + 8 =
8. 473 + 9 =
9. 937 + 5 =
10. 664 + 7 =
11. 398 + 6 =
12. 795 + 8 =

Lösung	117	150	404	465	482	579	620	671	798	803	942	956
Feld	7	2	10	3	12	9	6	8	1	11	4	5

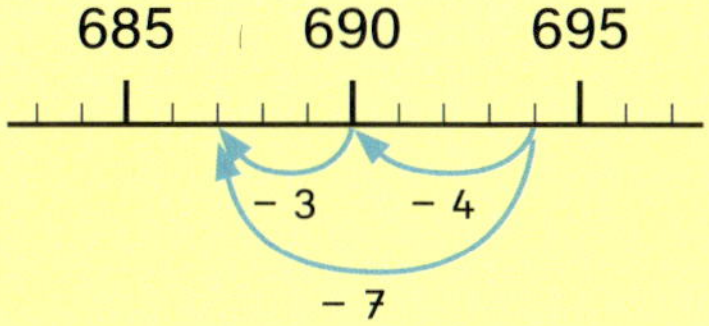

694 − 7 = ?

694 − 4 − 3 = 687

− 4

498	494
624	1.
279	2.
147	3.
514	4.

− 8

912	904
684	5.
758	6.
563	7.
205	8.

− 7

200	193
500	9.
710	10.
344	11.
384	12.

Lösung	143	197	275	337	377	493	510	555	620	676	703	750
Feld	12	10	4	5	9	11	8	2	7	6	1	3

Zweistellige Zahlen addieren

247 + 64 = ?

247 + 60 + 4 = 311

1.	345 + 20 =	7.	533 + 44 =
2.	458 + 40 =	8.	375 + 15 =
3.	730 + 54 =	9.	446 + 53 =
4.	570 + 63 =	10.	274 + 85 =
5.	667 + 60 =	11.	666 + 96 =
6.	430 + 87 =	12.	259 + 84 =

Lösung	343	359	365	390	498	499	517	577	633	727	762	784
Feld	6	9	3	5	11	7	12	10	4	2	1	8

Vorteilhaft rechnen.

487 —(+ 38)→ 525

487 —(+ 40)→ 527 —(− 2)→ 525

Rechne ebenso.

758 —(+ 67)→ ☐ 3.

758 —(+ 70)→ ☐ 1. —(− ☐ 2.)→

477 —(+ 88)→ ☐ 6.

477 —(+ ☐ 4.)→ 567 —(− ☐ 5.)→

7.	164 + 28 =	9.	863 + 49 =	11.	145 + 68 =
8.	248 + 86 =	10.	467 + 76 =	12.	892 + 48 =

Lösung	2	3	90	192	213	334	543	565	825	828	912	940
Feld	6	10	2	8	11	4	1	9	12	7	5	3

367 − 45 = ?

367 − 40 − 5 = 322

1.	268 − 40 =	7.	783 − 25 =
2.	592 − 60 =	8.	644 − 39 =
3.	700 − 34 =	9.	262 − 54 =
4.	480 − 52 =	10.	574 − 97 =
5.	325 − 70 =	11.	145 − 78 =
6.	630 − 58 =	12.	356 − 89 =

Lösung	67	208	228	255	267	428	477	532	572	605	666	758
Feld	9	3	2	10	11	1	8	6	5	12	4	7

So kannst du auch subtrahieren:

363 —(− 78)→ 285

363 —(− 80)→ 283 —(+ 2)→ 285

642 —(− 76)→ 3.

642 —(− 80)→ 1. —(+ 2.)→ 3.

913 —(− 49)→ 6.

913 —(− 4.)→ 863 —(+ 5.)→ 6.

Erst den folgenden Zehner subtrahieren!

Rechne ebenso.

	− 57	− 85
212	7.	8.
634	9.	10.
806	11.	12.

Lösung	1	4	50	127	155	549	562	566	577	721	749	864
Feld	5	8	10	2	4	3	9	11	12	1	6	7

Bunt durcheinander

+ 56	
300	1.
800	2.
440	3.
210	4.
725	5.
112	6.

− 78	
200	7.
300	8.
490	9.
220	10.
634	11.
599	12.

Lösung	122	142	168	222	266	356
Feld	12	5	9	4	6	11

Lösung	412	496	521	556	781	856
Feld	1	8	3	7	2	10

1. 325 —(− 9)→ ☐
2. 643 —(− 8)→ ☐
3. 109 —(− 17)→ ☐
4. 996 —(− 48)→ ☐
5. 376 —(− 19)→ ☐
6. 216 —(− 88)→ ☐
7. ☐ ←(− 52)— 638
8. ☐ ←(− 70)— 250
9. ☐ ←(− 8)— 516
10. ☐ ←(− 9)— 476
11. ☐ ←(− 20)— 344
12. ☐ ←(− 44)— 897

Lösung	92	128	316	320	357	364	485	524	635	690	941	948
Feld	12	3	7	10	6	5	1	11	4	2	9	8

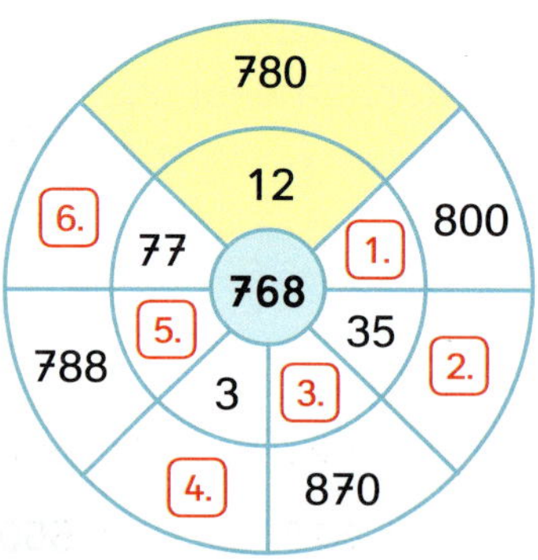

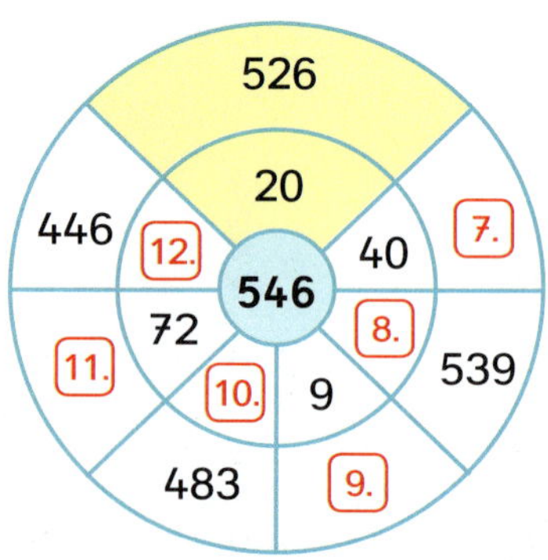

Lösung	7	20	32	63	100	102	474	506	537	771	803	845
Feld	2	5	10	4	1	11	6	3	12	9	8	7

	+ 40	+ 62	− 80	− 35
260	1.	4.	7.	10.
548	2.	5.	8.	11.
750	3.	6.	9.	12.

Lösung	180	225	300	322	468	513
Feld	8	1	7	2	11	3

Lösung	588	610	670	715	790	812
Feld	5	4	9	6	10	12

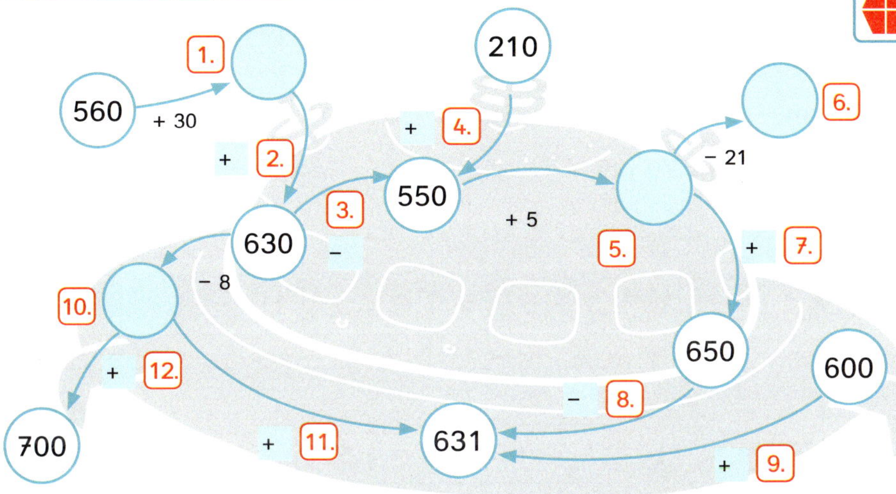

Lösung	9	19	31	40	78	80	95	340	534	555	590	622
Feld	1	5	7	11	6	8	10	4	12	2	3	9

1. 400 + ☐ = 600
2. 420 + ☐ = 600
3. 428 + ☐ = 600
4. 730 + ☐ = 790
5. 733 + ☐ = 790
6. 800 − ☐ = 300
7. 800 − ☐ = 320
8. 800 − ☐ = 324
9. 390 − ☐ = 350
10. 390 − ☐ = 347
11. 620 − ☐ = 550
12. 618 − ☐ = 550

Lösung	40	43	57	60	68	70	172	180	200	476	480	500
Feld	9	2	4	7	5	3	10	12	8	6	1	11

Mathine hat einen Schrank ausgemessen.
Welche Maße gehören in die Tabelle?

	cm	m	... dm ... cm
Höhe	1.	2.	3.
Breite	4.	5.	6.
Tiefe	7.	8.	9.

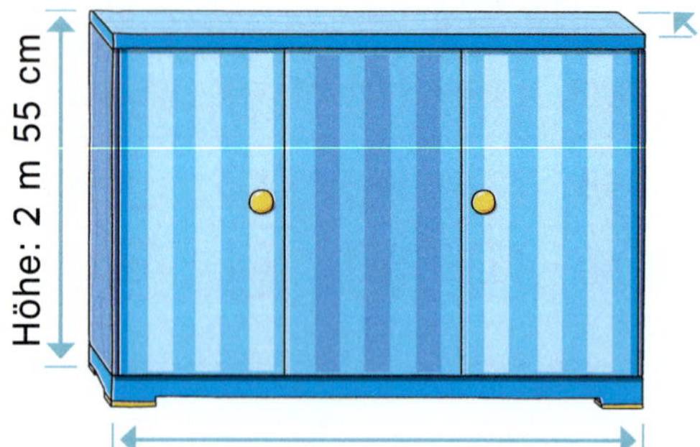

Rechne aus.

10. 2 m 60 cm + 4 m 45 cm = ☐ cm
11. 6 m 25 cm − 3 m 20 cm = ☐ cm
12. 3 m 30 cm + 5 m 70 cm = ☐ cm

Lösung	0,60	2,55	3,65	60	255	305	365	705	900	6 dm	25 dm 5 cm	36 dm 5 cm
Feld	7	1	12	10	3	5	4	9	2	11	6	8

1. 2 m 45 cm = ☐ m
2. 7 m 80 cm = ☐ m
3. 4 m 2 cm = ☐ m
4. 3 m 6 cm = ☐ m

5. 3,45 m = ☐ cm
6. 9,05 m = ☐ cm
7. 8,63 m = ☐ cm
8. 5,05 m = ☐ cm

9. 185 cm = ☐ m ☐ cm
10. 406 cm = ☐ m ☐ cm
11. 762 cm = ☐ m ☐ cm
12. 210 cm = ☐ m ☐ cm

4 m 50 cm = 4,50 m

Lösung	Feld
2,45	5
3,06	6
4,02	2
7,80	3
345	8
505	9
863	12
905	4
1 m 85 cm	1
2 m 10 cm	10
4 m 6 cm	11
7 m 62 cm	7

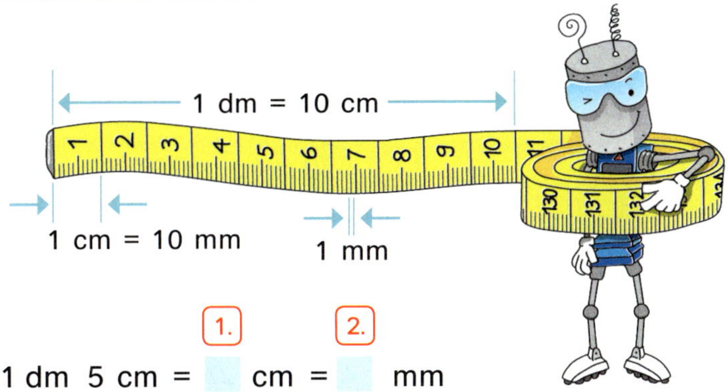

1 dm 5 cm = [1.] ___ cm = [2.] ___ mm

6 dm 2 cm = [3.] ___ cm = [4.] ___ mm

5. 80 cm = ___ dm

6. 5 m = ___ dm

7. 1 m 4 dm = ___ dm

8. 7 m 5 dm = ___ dm

9. 35 cm = ___ dm ___ cm

10. 207 m = ___ dm ___ cm

11. 46 dm = ___ m ___ dm

12. 182 dm = ___ m ___ dm

Lösung	Feld
8	4
14	6
15	11
50	8
62	10
75	1
150	7
620	12
3 dm 5 cm	9
20 dm 7 cm	5
4 m 6 dm	3
18 m 2 dm	2

Wie lang sind die Stäbe?
Miss mit dem Lineal in mm.

4.

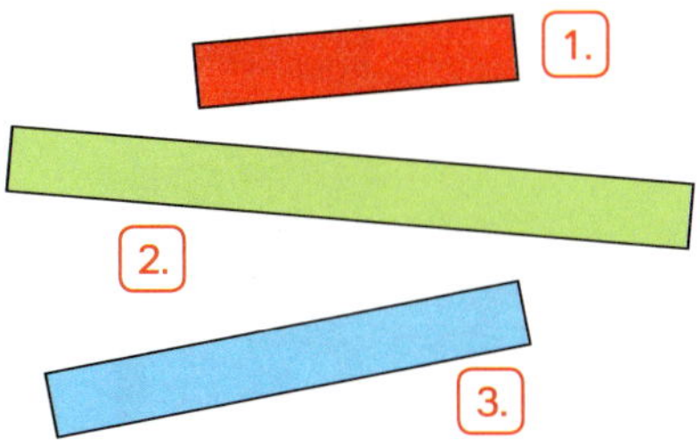

1. 2. 3.

5. Der grüne Stab ist ___ cm ___ mm lang.

6. Der blaue Stab ist ___ cm ___ mm lang.

7. Der rote Stab ist ___ cm ___ mm lang.

8. Der gelbe Stab ist ___ cm ___ mm lang.

9. Der blaue und der rote Stab sind zusammen ___ mm lang.

10. Der grüne und der gelbe Stab sind zusammen ___ mm lang.

11. 2 cm 9 mm = ___ mm

12. 36 cm 4 mm = ___ mm

Lösung	24	29	36	51	60	65	116	364	2 cm 4 mm	3 cm 6 mm	5 cm 1 mm	6 cm 5 mm
Feld	11	7	8	10	1	6	5	3	12	9	2	4

Wochenendausflug

1. 300 m + ___ m = 1 km
2. 900 m + ___ m = 1 km
3. 433 m + ___ m = 1 km
4. 60 km + 70 km = ___ km
5. 350 km + 80 km = ___ km
6. 570 km − 90 km = ___ km

Lösung	100	130	430	480	567	700
Feld	10	6	2	9	8	11

Das Ehepaar Kunst aus Braunschweig plant einen Ausflug. Sie schauen auf die Karte und überlegen gemeinsam.

Herr Kunst möchte das Phaeno in Wolfsburg besichtigen.

7. Er will auf dem kürzesten Weg dorthin fahren. Das sind ___ km.

8. Zurück soll die Fahrt über Oebisfelde und Helmstedt gehen.
Das sind ___ km.

9. Für Hin- und Rückfahrt sind das ___ km.

Frau Kunst würde lieber nach Quedlinburg in den Harz fahren.
So soll der Weg aussehen. Rechne einzeln aus!
Braunschweig – Bad Harzburg (Autobahn)
Bad Harzburg – Blankenburg – Quedlinburg.

10. Zusammen sind das ___ km

11. Zurück fahren sie über Halberstadt und Wolfenbüttel: ___ km

12. Wie lang ist Frau Kunsts Reise insgesamt? ___ km

Lösung	Feld
39	12
81	4
85	7
95	5
120	1
180	3

Suche die passenden Anzahlen von Formen an der Partykette.

1. Dreieck
2. Quadrat
3. Fünfeck
4. Rechteck
5. Kreis
6. Viereck

Lösung	Feld
1	4
2	10
3	5
4	7
5	2
6	12

Wie viele Spiegelachsen hat die Figur?

7.

0	11
2	1
4	8
8	9

8.

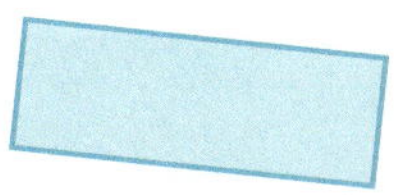

0	3
1	6
2	11
4	8

9.

0	9
1	1
2	6
4	11

10.

1	9
2	8
4	1
8	6

11.

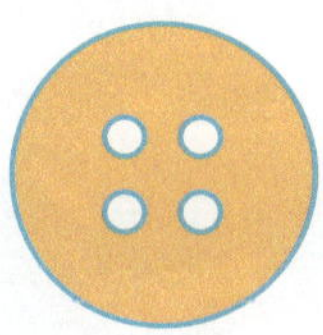

0	1
1	9
2	6
4	3

12.

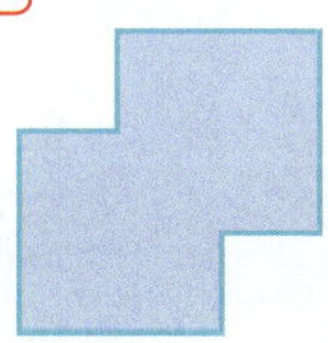

0	3
1	8
2	6
4	11

Ansichten

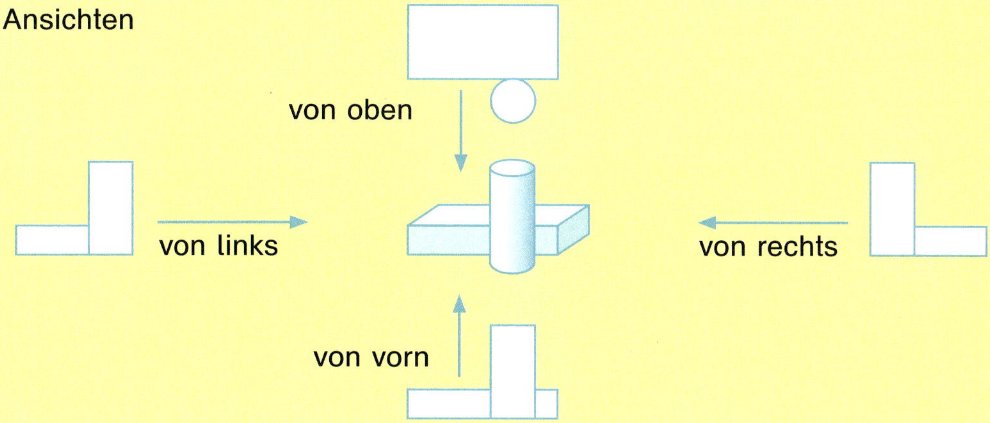

Suche die passenden Ansichten.

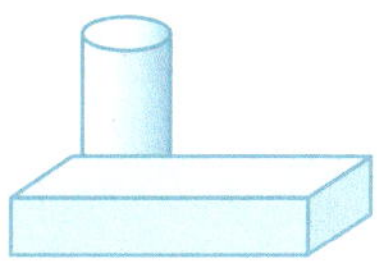

1. von vorn
2. von oben
3. von rechts
4. von links

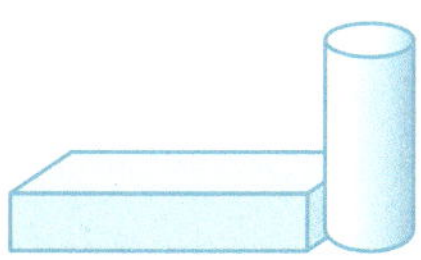

5. von vorn
6. von oben
7. von rechts
8. von links

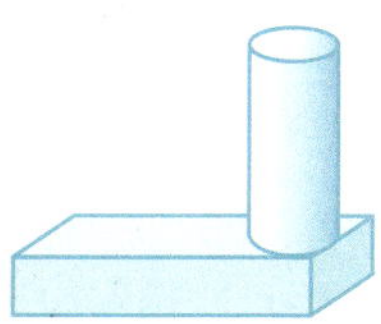

9. von vorn
10. von oben
11. von rechts
12. von links

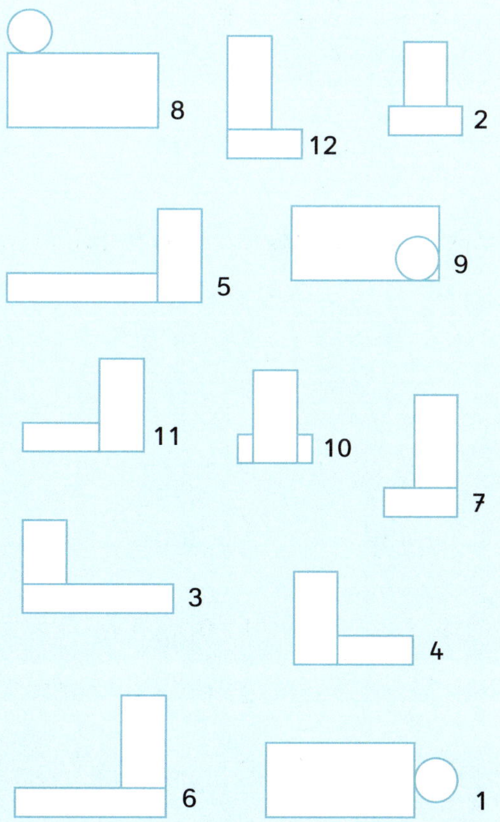

Schriftliches Addieren ohne Überschreiten

	H	Z	E
	3	4	2
+	4	5	1
	7	9	3

Sprich beim Rechnen,
bei den Einern:
1 plus 2 gleich 3
bei den Zehnern:
5 plus 4 gleich 9
bei den Hundertern:
4 plus 3 gleich 7

1.

	H	Z	E
	2	5	1
+	3	1	8

2.

	H	Z	E
	6	3	7
+	1	5	2

3.

	H	Z	E
	4	3	2
+	4	3	2

4.

	H	Z	E
	6	6	6
+	3	3	3

5.

	H	Z	E
	5	6	2
+	4	1	6

6.

	H	Z	E
	3	7	7
+	2	2	1

7.

	H	Z	E
	8	2	5
+	1	4	3

8.

	H	Z	E
	3	4	1
+	4	4	5

9. 258 + 431

10. 325 + 420

11. 801 + 155

12. 500 + 328

Lösung	Feld
569	8
598	11
689	9
745	2
786	12
789	6
828	5
864	10
956	3
968	7
978	4
999	1

1.

	H	Z	E
	6	5	3
+	1	4	4

2.

	H	Z	E
	4	5	5
+	5	2	2

3.

	H	Z	E
	2	6	4
+	7	2	5

4.

	H	Z	E
	2	5	4
+	3	1	5

5. 257 + 432

6. 437 + 300

7. 305 + 204

8. 400 + 260

9. 450 + 39

10. 306 + 520

11. 800 + 57

12. 72 + 327

Lösung	399	489	509	569	660	689	737	797	826	857	977	989
Feld	9	1	12	6	10	8	3	5	11	7	4	2

Schriftliches Addieren mit Überschreiten

Schreibe auch diese Aufgaben in dein Übungsheft!

	H	Z	E
	3	6	7
+	4 (1)	8 (1)	4
	8	5	1

Sprich beim Rechnen,
bei den Einern:
4 plus 7 gleich 11
bei den Zehnern:
9 plus 6 gleich 15
bei den Hundertern:
5 plus 3 gleich 8

1. 252 + 397
2. 647 + 164
3. 438 + 434
4. 666 + 245
5. 542 + 418
6. 377 + 224
7. 735 + 146
8. 349 + 455
9. 168 + 432
10. 325 + 480
11. 808 + 155
12. 555 + 308

Lösung	Feld
600	12
601	4
649	8
804	9
805	2
811	3
863	10
872	11
881	1
911	7
960	5
963	6

1. 353 + 164
2. 455 + 376
3. 166 + 725
4. 257 + 374
5. 278 + 432
6. 185 + 425
7. 406 + 155
8. 582 + 328
9. 450 + 69
10. 306 + 528
11. 804 + 57
12. 72 + 328

Lösung	400	517	519	561	610	631	710	831	834	861	891	910
Feld	2	11	3	12	8	6	10	1	5	9	4	7

Schriftliches Subtrahieren ohne Überschreiten

1.

	H	Z	E
	5	7	4
−	3	1	2

2.

	H	Z	E
	6	5	7
−	2	3	4

3.

	H	Z	E
	4	8	6
−	3	5	1

4.

	H	Z	E
	6	6	6
−	3	3	3

5.

	H	Z	E
	5	6	2
−	5	1	1

6.

	H	Z	E
	3	7	7
−	2	4	6

7.

	H	Z	E
	8	2	5
−	3	2	3

8.

	H	Z	E
	3	4	6
−	2	3	5

9. 232 − 132

10. 425 − 220

11. 807 − 302

12. 561 − 41

Lösung	51	100	111	131	135	205	262	333	423	502	505	520
Feld	4	9	5	6	10	7	1	8	11	2	3	12

1.

	H	Z	E
	6	5	8
−	4	4	4

2.

	H	Z	E
	5	6	6
−	2	5	2

3.

	H	Z	E
	7	3	8
−	1	2	6

4.

	H	Z	E
	5	2	4
−	2	1	2

5. 467 − 432

6. 745 − 420

7. 859 − 605

8. 828 − 500

9. 459 − 38

10. 306 − 206

11. 865 − 35

12. 607 − 402

Lösung	35	100	205	214	254	312	314	325	328	421	612	830
Feld	11	3	1	9	4	10	2	7	8	12	5	6

Schriftliches Subtrahieren mit Überschreiten

	H	Z	E
	6	8	[10]4
–	5	5 [1]	6
	1	2	8

Sprich beim Rechnen,
bei den Einern:
6 plus 8 gleich 14
bei den Zehnern:
6 plus 2 gleich 8
bei den Hundertern:
5 plus 1 gleich 6

1.
	H	Z	E
	4	6	2
–	3	1	9

2.
	H	Z	E
	6	5	4
–	2	3	7

3.
	H	Z	E
	3	8	1
–	2	5	4

4.
	H	Z	E
	7	8	3
–	3	3	8

5.
	H	Z	E
	3	1	2
–	1	6	1

6.
	H	Z	E
	3	4	7
–	2	5	6

7.
	H	Z	E
	8	2	5
–	3	8	5

8.
	H	Z	E
	3	3	9
–	2	4	5

9. 532 – 192

10. 405 – 225

11. 800 – 345

12. 341 – 68

Lösung	Feld
91	2
94	1
127	3
143	5
151	9
180	11
273	8
340	4
417	7
440	6
445	12
455	10

1.
	H	Z	E
	7	5	4
–	4	3	8

2.
	H	Z	E
	4	2	2
–	3	7	5

3.
	H	Z	E
	7	3	6
–	1	2	8

4.
	H	Z	E
	8	2	2
–	2	5	4

5. 437 – 337

6. 645 – 450

7. 854 – 809

8. 828 – 588

9. 369 – 78

10. 409 – 260

11. 706 – 35

12. 600 – 402

Lösung	45	47	100	149	195	198	240	291	316	568	608	671
Feld	3	11	2	4	12	6	5	7	10	9	8	1

Übungen zum schriftlichen Addieren und Subtrahieren

Schreibe in deinem Heft untereinander und rechne.

1. 276 + 321 =
2. 471 + 286 =
3. 749 + 82 =
4. 638 − 326 =
5. 541 − 351 =
6. 918 − 76 =
7. 407 + 283 =
8. 607 + 95 =
9. 981 − 923 =
10. 204 − 96 =
11. 241 + 121 + 532 =
12. 374 + 251 + 188 =

Lösung	58	108	190	312	597	690	702	757	813	831	842	894
Feld	9	5	4	12	11	6	1	7	2	10	8	3

1. 3,50 € + 4,42 € = ___ €
2. 2,31 € + 5,86 € = ___ €
3. 4,37 € + 0,87 € = ___ €
4. 8,75 € − 5,42 € = ___ €
5. 4,72 € − 3,91 € = ___ €
6. 5,04 € − 0,83 € = ___ €
7. 3,08 € + 2,70 € = ___ €
8. 7,91 € + 1,08 € = ___ €
9. 7,91 € − 1,08 € = ___ €
10. 6,00 € − 4,72 € = ___ €
11. 5,34 € + 4,66 € = ___ €
12. 10,00 € − 5,55 € = ___ €

Lösung	0,81	1,28	3,33	4,21	4,45	5,24	5,78	6,83	7,92	8,17	8,99	10,00
Feld	8	3	10	6	12	2	4	1	9	5	11	7

1. 512 + 200 =
2. 512 − 200 =
3. 375 + 225 =
4. 375 − 225 =
5. 651 + 149 =
6. 651 − 641 =
7. 666 + 333 =
8. 666 − 333 =
9. 432 + 432 =
10. 432 − 432 =
11. 432 + 210 =
12. 432 − 210 =

Lösung	0	10	150	222	312	333	600	642	712	800	864	999
Feld	9	8	4	2	1	7	6	5	3	12	11	10

Der Elektrogroßmarkt „TELE-RIESE" soll umgebaut werden.
Alle Waren werden deshalb mit Preisnachlass verkauft.

	6	9	8	€
−	4	4	9	€

1. Ein Fernseher kostet statt 698 Euro nur noch 449 Euro. Wie hoch ist der Preisnachlass?

		6	9	€
+	1	5	8	€

2. Carmen kauft einen MP3-Player für 69 Euro und einen Kopfhörer für 158 Euro. Wie viel bezahlt Carmen?

3. Herr Sandfuchs kauft einen Kühlschrank, dessen Preis von 555 Euro auf 478 Euro heruntergesetzt wurde. Wie groß ist hier der Preisnachlass?

4. Ein Tablet kostet jetzt 388 Euro. Vorher war es 125 Euro teurer. Wie viel hat das Tablet vorher gekostet?

5. Holger kauft zwei Lautsprecher mit einem Stückpreis von 248 Euro. Wie viel muss Holger für beide Lautsprecher bezahlen?

6. Tanja zahlt für zwei andere Lautsprecher zusammen 362 Euro. Wie hoch ist der Preis für einen Lautsprecher?

7. Ein Staubsauger wurde um 59 Euro heruntergesetzt. Er kostete vorher 238 Euro. Wie viel kostet der Staubsauger jetzt?

8. Felix kauft einen MP3-Player für 74 Euro, der jetzt 25 Euro weniger kostet. Wie viel kostete der Player vorher?

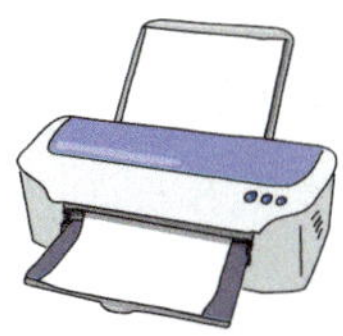

9. „Statt 699 Euro nur noch 470 Euro!" steht an einer Waschmaschine. Wie hoch ist der Preisnachlass?

10. Ulf kauft für sein Büro einen PC für 198 Euro, einen Monitor für 222 Euro und einen Farbdrucker für 135 Euro. Wie viel muss er zusammen bezahlen?

11. Sabine kauft einen CD-Spieler für 148 Euro, dazu eine CD für 18 Euro und eine CD für 12 Euro. Wie viel muss sie zusammen bezahlen?

12. Eine ältere Dame kauft einen Mixer für 48 Euro und eine Kaffeemaschine für 61 Euro. Sie zahlt mit einem 200-Euro-Schein. Wie viel bekommt sie zurück?

Lösung	77 €	91 €	99 €	178 €	179 €	181 €	227 €	229 €	249 €	496 €	513 €	555 €
Feld	3	11	12	10	7	5	6	4	2	9	1	8

Eine Uhr – drei Fragen!

Uhrzeit am Vormittag?	7.23 Uhr
Uhrzeit am Nachmittag?	19.23 Uhr
Wie viele Sekunden kommen hinzu?	14 Sek.

Uhrzeit am Vormittag?	1.	4.	7.	10.
Uhrzeit am Nachmittag?	2.	5.	8.	11.
Wie viele Sekunden?	3.	6.	9.	12.

Lösung	20	30	36	48	2.40 Uhr	8.04 Uhr	10.12 Uhr	11.59 Uhr	14.40 Uhr	20.04 Uhr	22.12 Uhr	23.59 Uhr
Feld	8	6	12	7	4	10	3	9	11	1	2	5

Stunden, Minuten und Sekunden

1 Stunde = 60 Min. 1 Minute = 60 Sek.

1. 3 Stunden = ☐ Min.
2. 5 Stunden = ☐ Min.
3. $\frac{1}{2}$ Stunde = ☐ Min.
4. 120 Min. = ☐ Stunden
5. 360 Min. = ☐ Stunden
6. 15 Min. = ☐ Stunde
7. 2 Min. = ☐ Sek.
8. 4 Min. = ☐ Sek.
9. $\frac{3}{4}$ Min. = ☐ Sek.
10. 180 Sek = ☐ Min.
11. 300 Sek = ☐ Min.
12. 30 Sek = ☐ Min.

Lösung	2	3	5	6	30	45	120	180	240	300	$\frac{1}{4}$	$\frac{1}{2}$
Feld	6	11	4	3	9	10	12	5	7	1	2	8

Januar	31 Tage	Mai	31 Tage	September	30 Tage
Februar	28 Tage	Juni	30 Tage	Oktober	31 Tage
März	31 Tage	Juli	31 Tage	November	30 Tage
April	30 Tage	August	31 Tage	Dezember	31 Tage

Wie heißen die Monate?

Beispiel: 21.2.2015 Der Monat heißt Februar.

1. 18.5.2011
2. 27.8.2015
3. 2.12.2009
4. 28.1.2013
5. 5.11.2010
6. 11.7.2014

Erster Tag	12.1.	6.2.	11.4.	28.5.	22.8.	3.10.	28.11.
Letzter Tag	15.1.	8.2.	20.4.	7.6.	11.9.	11.	12.
Wie viele Tage?	4	7.	8.	9.	10.	12	7

Lösung	Feld
Januar	8
Mai	7
Juli	12
August	11
November	10
Dezember	4
3	2
10	5
11	3
21	1
14.10.	9
4.12.	6

Wie viele Monate?

1. 2 Jahre
2. 5 Jahre
3. $\frac{1}{2}$ Jahr
4. 1 Jahr 3 Monate
5. 3 Jahre 5 Monate
6. $\frac{1}{4}$ Jahr

Wie viele Tage?

7. 3 Wochen
8. 8 Wochen
9. 1 Jahr

Wie viele Wochen?

10. 14 Tage
11. 28 Tage
12. 70 Tage

Lösung	2	3	4	6	10	15	21	24	41	56	60	365
Feld	2	4	12	11	10	1	7	8	5	9	3	6

Kartons
3 · 5 = 15

Eier
3 · 50 = 150

1. 4 · 7 =
2. 4 · 70 =
3. 3 · 6 =
4. 3 · 60 =
5. 5 · 8 =
6. 5 · 80 =
7. 9 · 40 =
8. 7 · 80 =
9. 6 · 70 =
10. 10 · 50 =
11. 1 · 90 =
12. 0 · 20 =

Lösung	0	18	28	40	90	180	280	360	400	420	500	560
Feld	2	9	11	3	4	12	7	6	8	10	5	1

Rechne über die Tauschaufgabe!

4 · 60 = 240 ⟷ 60 · 4 = 240

1. 20 · 3 = 3 · 20 =
2. 40 · 4 = 4 · 40 =
3. 30 · 8 = 8 · 30 =
4. 50 · 7 = 7 · 50 =
5. 60 · 7 =
6. 90 · 9 =
7. 80 · 4 =
8. 70 · 3 =
9. 40 · 1 =
10. 50 · 10 =
11. 60 · 0 =
12. 100 · 10 =

Lösung	0	40	60	160	210	240	320	350	420	500	810	1000
Feld	5	11	1	4	10	6	2	8	12	7	3	9

150 : 3 = 50
15 : 3 = 5

Ich überlege anders.
150 : 3 = 50
denn 3 · 50 = 150

1. 20 : 4 =
2. 200 : 4 =
3. 18 : 2 =
4. 180 : 2 =
5. 35 : 5 =
6. 350 : 5 =
7. 270 : 9 =
8. 640 : 8 =
9. 420 : 7 =
10. 400 : 1 =
11. 300 : 2 =
12. 1000 : 4 =

Lösung	5	7	9	30	50	60	70	80	90	150	250	400
Feld	6	7	1	11	9	2	10	3	5	8	4	12

150 : 50 = 3
15 : 5 = 3

Bei diesen Aufgaben
kannst du die letzte Null weglassen.
Aber denk daran:
Null ist nicht gleich nichts!

1. 240 : 30 =
2. 140 : 70 =
3. 450 : 90 =
4. 180 : 60 =
5. 160 : 40 =
6. 560 : 80 =
7. 810 : 90 =
8. 420 : 70 =
9. 700 : 70 =
10. 600 : 30 =
11. 50 : 50 =
12. 0 : 20 =

Lösung	0	1	2	3	4	5	6	7	8	9	10	20
Feld	8	11	1	9	12	6	7	2	10	3	5	4

Aufgaben-Mix

1. 4 · 60 =
2. 70 · 3 =
3. 180 : 2 =
4. 350 : 50 =
5. 9 · 40 =
6. 60 · 7 =
7. 630 : 9 =
8. 720 : 80 =
9. 10 · 80 =
10. 60 · 0 =
11. 400 : 1 =
12. 1000 : 20 =

Lösung	Feld
0	9
7	4
9	7
50	8
70	10
90	6
210	1
240	3
360	12
400	11
420	2
800	5

1. 3 · 90 =
2. 80 · 4 =
3. 270 : 9 =
4. 360 : 60 =
5. 7 · 80 =
6. 90 · 5 =
7. 420 : 6 =
8. 540 : 60 =
9. 25 · 6 =
10. 10 · 91 =
11. 550 : 5 =
12. 660 : 20 =

Lösung	Feld
6	11
9	2
30	9
33	1
70	5
110	4
150	10
270	12
320	8
450	7
560	3
910	6

Das große 1 · 1

·	11	14	17
2	1.	5.	9.
5	2.	6.	10.
7	3.	7.	11.
9	4.	8.	12.

Lösung	22	28	34	55	70	77	85	98	99	119	126	153
Feld	7	4	9	11	12	10	1	2	8	3	5	6

·	12	15	19
3	1.	5.	9.
4	2.	6.	10.
6	3.	7.	11.
9	4.	8.	12.

Lösung	36	45	48	57	60	72	76	90	108	114	135	171
Feld	6	7	4	2	3	1	12	11	5	8	10	9

·	13	16	18
4	1.	5.	9.
5	2.	6.	10.
7	3.	7.	11.
8	4.	8.	12.

Lösung	52	64	65	72	80	90	91	104	112	126	128	144
Feld	7	10	5	3	12	1	4	2	8	9	11	6

1. Felix kauft 6 Roggenbrötchen.
   $6 \cdot 50$ Cent =
   Felix bezahlt ___ Euro.

2. Frau Krause kauft 8 Brötchen.
   $8 \cdot 30$ Cent =
   Frau Krause bezahlt ___ Euro.

3. Kristina zahlt für ihre Roggenbrötchen 4,50 Euro.
   450 Cent : 50 Cent = ___
   Kristina hat ___ Roggenbrötchen gekauft.

4. Maike soll 6 Rosinenbrötchen mitbringen.
   Maike muss ___ Euro bezahlen.

5. Herr Fuhrmann lässt sich 6 Hörnchen einpacken.
   Herr Fuhrmann bezahlt ___ Euro.

6. Anna hat noch 9 Euro in der Geldbörse.
   Wie viele Rosinenbrötchen kann sie davon kaufen?
   Anna kann ___ Rosinenbrötchen kaufen.

7. Ulf kauft 8 Roggenbrötchen.
   Er zahlt mit einem 10 Euro-Schein.
   Ulf bekommt ___ Euro zurück.

8. Petra bestellt je ein Brötchen von allen vier Sorten.
   Petra bezahlt ___ Euro.

9. Im Blumenladen gibt es Tulpen für 60 Cent das Stück.
   Ines kauft einen Strauß mit 7 Tulpen.
   Ines muss ___ Euro bezahlen.

10. Herr Bergmann zahlt für 5 Rosen 4,50 Euro.
    Eine Rose kostet ___ Euro.

11. Lars hat für 3,60 Euro Briefmarken zu je 45 Cent gekauft.
    Wie viele Karten kann er damit frankieren?
    Lars kann ___ Postkarten frankieren.

12. Herr Walzner kauft 15 Orangen zu je 80 Cent.
    Herr Walzner muss ___ Euro bezahlen.

Lösung	Feld
0,90	10
2,30	2
2,40	8
3,00	4
3,60	5
4,20	6
5,40	3
6,00	9
12,00	7
8	12
9	11
10	1

Halbschriftliches Multiplizieren

3 · 47 =

3 · 40 = 120

3 · 7 = 21

3 · 47 = 141

1. 4 · 23 = ; 4 · 20 = 80 ; 4 · 3 = 12 ; 4 · 23 = ___
2. 5 · 36 = ; 5 · 30 = ; 5 · 6 = ; 5 · 36 = ___
3. 2 · 74 = ; 2 · 70 = ; 2 · 4 = ; 2 · 74 = ___
4. 6 · 52 = ; 6 · = ; 6 · = ; 6 · 52 = ___
5. 8 · 29 = ; 8 · = ; 8 · = ; 8 · 29 = ___
6. 7 · 66 = ; 7 · = ; 7 · = ; 7 · 66 = ___
7. 3 · 97 = ___
8. 9 · 34 = ___
9. 5 · 47 = ___
10. 4 · 62 = ___
11. 6 · 83 = ___
12. 8 · 88 = ___

Lösung	Feld
92	5
148	2
180	10
232	8
235	7
248	11
291	6
306	4
312	12
462	9
498	1
704	3

1. 2 · 28 = ___
2. 4 · 32 = ___
3. 5 · 99 = ___
4. 3 · 57 = ___
5. 7 · 13 = ___
6. 9 · 46 = ___
7. 8 · 25 = ___
8. 4 · 68 = ___
9. 0 · 52 = ___
10. 48 · 2 = ___
11. 33 · 6 = ___
12. 61 · 7 = ___

Lösung	0	56	91	96	128	171	198	200	272	414	427	495
Feld	2	4	1	10	12	3	8	9	6	5	11	7

138 : 3 =
120 : 3 = 40
18 : 3 = 6
138 : 3 = 46

1.
128 : 4 =
120 : 4 = 30
8 : 4 = 2
128 : 4 = ___

2.
215 : 5 =
200 : 5 =
15 : 5 =
215 : 5 = ___

3.
378 : 6 =
360 : 6 =
18 : 6 =
378 : 6 = ___

4.
222 : 3 =
: 3 =
: 3 =
222 : 3 = ___

5.
174 : 2 =
: 2 =
: 2 =
174 : 2 = ___

6.
248 : 8 =
: 8 =
: 8 =
248 : 8 = ___

7. 666 : 6 = ___
8. 371 : 7 = ___
9. 192 : 4 = ___
10. 400 : 8 = ___
11. 320 : 5 = ___
12. 504 : 6 = ___

Lösung	Feld
31	2
32	9
43	1
48	5
50	3
53	7
63	6
64	11
74	10
84	8
87	12
111	4

---

1. 420 : 7 = ___
2. 200 : 2 = ___
3. 175 : 5 = ___
4. 159 : 3 = ___
5. 568 : 8 = ___
6. 288 : 4 = ___
7. 588 : 6 = ___
8. 378 : 9 = ___
9. 189 : 7 = ___
10. 204 : 3 = ___
11. 550 : 5 = ___
12. 600 : 4 = ___

Lösung	27	35	42	53	60	68	71	72	98	100	110	150
Feld	10	9	5	8	1	7	3	6	2	11	4	12

Wie viel wiegen die Sachen?

1. 

☐ kg

2. 

☐ kg

3. 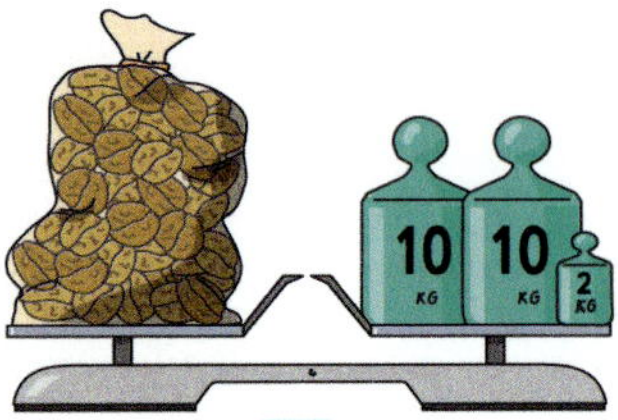

☐ kg

4. 

☐ kg

5. 

☐ g

6. 

☐ g

7. 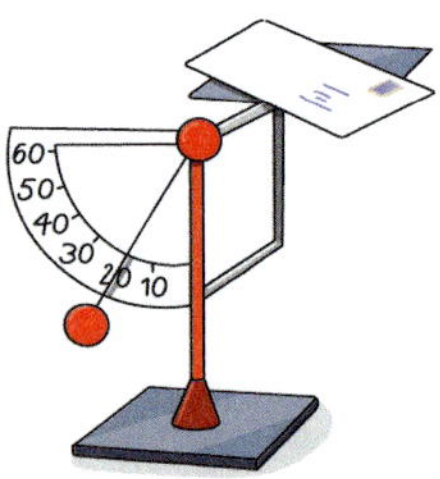

☐ g

8. 

☐ g

9. $\frac{1}{2}$ kg + $\frac{1}{2}$ kg = ☐ kg

10. $\frac{1}{4}$ kg + $\frac{1}{4}$ kg = ☐ kg

11. $\frac{1}{2}$ kg − $\frac{1}{4}$ kg = ☐ kg

12. 1 kg − $\frac{1}{4}$ kg = ☐ kg

Lösung	$\frac{1}{4}$	$\frac{1}{2}$	$\frac{3}{4}$	1	3	8	11	20	22	400	420	850
Feld	8	6	10	2	5	12	3	11	7	1	9	4

1 kg = 1000 g

$\frac{1}{4}$ kg = 250 g

$\frac{1}{2}$ kg = 500 g

$\frac{3}{4}$ kg = 750 g

1. $\frac{1}{4}$ kg = ☐ g
2. 2 kg = ☐ g
3. $\frac{1}{2}$ kg = ☐ g
4. $\frac{3}{4}$ kg = ☐ g
5. 500 g = ☐ kg
6. 250 g = ☐ kg
7. 750 g = ☐ kg
8. 4000 g = ☐ kg

Wie viel kg sind es?

9. Frau Schindler kauft einen Korb Pflaumen und einen Sack Kartoffeln.

10. Der Koch der Gaststätte "Zur Post" lädt 15 Kisten Pfirsiche in sein Auto.

11. Frau Stiller kauft 3 Körbe mit Pflaumen. 12 kg davon verarbeitet sie zu Pflaumenmus. Wie viel kg Pflaumen bleiben übrig?

12. Zum Geschäftsschluss hat der Gemüsehändler noch 5 Kisten Pfirsiche und 2 Säcke mit Kartoffeln.

Lösung	$\frac{1}{4}$	$\frac{1}{2}$	$\frac{3}{4}$	3	4	30	45	65	250	500	750	2000
Feld	10	11	7	12	3	6	8	4	2	5	1	9

Sachaufgaben mit mehreren Lösungsschritten

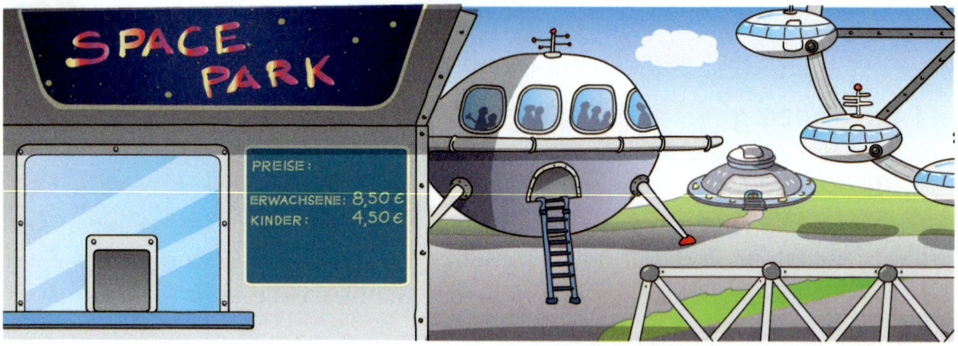

1. Mathello steht am Eingang des Spaceparks und rechnet aus, wie viel Mutter, Vater und drei Kinder für den Eintritt bezahlen müssen. Die Eintrittskarten kosten für Erwachsene 8,50 Euro und für Kinder 4,50 Euro.

Eintrittspreis der Erwachsenen:	*2 · 8,50 Euro*	=	*17,00 Euro*
Eintrittspreis der Kinder:	*3 · 4,50 Euro*	=	*13,50 Euro*
zusammen	+	=	*Euro*

2. Anna kauft für ihren Hund Boris Dosenfutter. Sie nimmt 4 Dosen "mit Rind" für je 1,50 Euro und 5 Dosen "mit Wild" für 2,50 Euro.

Preis für Dosen "mit Rind":	*4 · 1,50 Euro*	=	*Euro*
Preis für Dosen "mit Wild":		=	*Euro*
zusammen:	+	=	*Euro*

3. Eine Tafel Nuss-Schokolade kostet bei BILLIG-KAUF 0,60 Euro. Hendrik kauft 6 Tafeln und zahlt mit einem 10 Euro-Schein.

Preis für 6 Tafeln:	*6 · 0,60 Euro*	=	*Euro*
Hendrik bekommt zurück:	*10 Euro –*	=	*Euro*

4. Jenny kauft 4 Tüten mit Fruchtgummi. Sie zahlt mit einem 5 Euro-Schein und bekommt 60 Cent zurück. Wie viel kostet eine Tüte Fruchtgummi?

Preis für 4 Tüten Fruchtgummi:	*5 Euro –*	=	*Euro*
Preis für eine Tüte:		=	*Euro*

5. Steffi kauft 9 Flaschen Milch. Die Milch kostet 1,10 Euro pro Flasche. Für Pfand zahlt sie 15 Cent pro Flasche.

Preis für eine Flasche mit Pfand:	*1,10 Euro + 0,15 Euro*	=	*Euro*
Preis für 9 Flaschen mit Pfand:	*9 ·*	=	*Euro*

6. Leon bringt eine Kiste mit 24 leeren Flaschen zum Kaufmann zurück.
Er bekommt für jede Flasche 15 Cent Pfand, dazu für die Kiste 1,50 Euro.

Pfand für 24 Flaschen:
Pfand insgesamt: *Euro*

7. Die Klasse 3a verkauft auf dem Schulfest 28 Tassen Kaffee zu je 1 Euro,
16 Stück Kuchen zu je 2 Euro und 100 Schokoküsse zu je 20 Cent.

Einnahmen durch Kaffee:
Einnahmen durch Kuchen:
Einnahmen durch Schokoküsse:
Einnahmen insgesamt: *Euro*

8. Eine Flasche Apfelsaft kostet statt 0,94 Euro im Sonderangebot
nur noch 0,74 Euro. Herr von Bülow kauft 12 Flaschen.
Wie viel spart er insgesamt?

Preisnachlass pro Flasche: *0,94 Euro – 0,74 Euro =* *Euro*
Preisnachlass insgesamt: *Euro*

9. Eine Sitzgruppe aus vier Stühlen und einem Tisch kostet 290 Euro.
Wie teuer ist der Tisch allein, wenn ein Stuhl 48 Euro kostet?

Preis für 4 Stühle: *4 ·*
Preis für den Tisch: *290 Euro – Euro =* *Euro*

10. Frau Meißner bestellt für ihr Wohnzimmer
ein Sofa für 468 Euro
und zwei Sessel für je 249 Euro.
Wie viel Euro zahlt sie zusammen?

11. Im Prospekt von Möbel-Schulze steht: „Sofa mit drei Sesseln für 888 Euro".
Das Sofa allein kostet 378 Euro. Wie viel Euro kostet dann ein Sessel?

12. Sofie möchte für ihr Kinderzimmer einen Monitor für 220 Euro
und einen PC für 356 Euro kaufen.
Von ihrer Großmutter hat sie zur Kommunion 500 Euro bekommen.
Wie viel Euro fehlen Sofie noch?

Lösung	1,10	2,40	5,10	6,40	11,25	18,50	30,50	76	80	98	170	966
Feld	6	4	9	8	2	10	11	3	12	1	7	5

Wie viele Würfel brauchst du zum Bauen?

1.
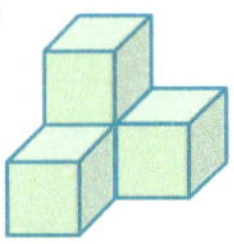

2.

3.
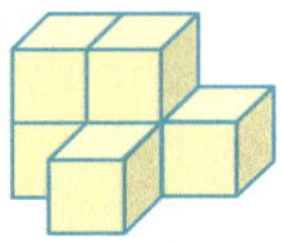

4.
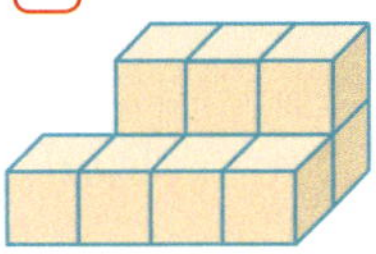

5.
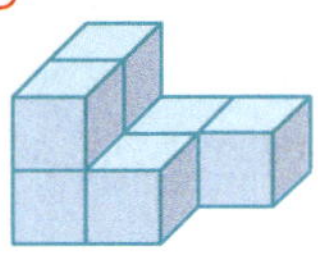

6.
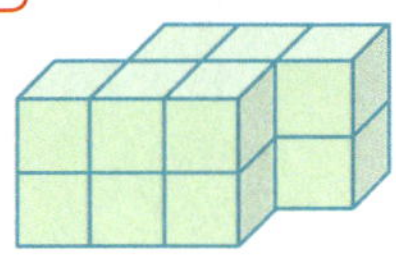

7.
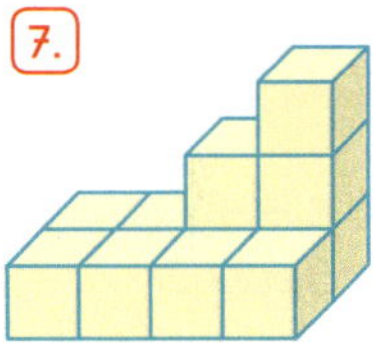

8.

9.

10.
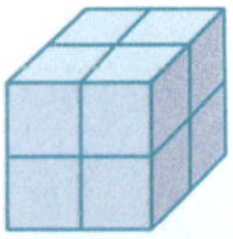

11.

12.

Lösung	Feld
4	10
6	11
7	5
8	4
9	8
10	9
11	3
12	7
14	12
25	2
27	6
30	1